GW01216631

Merci à Jean-Jacques Berne pour ce travail de mémoire
sur un sujet encore douloureux

EBS

QUATRE ANNÉES DE VACANCE(S)

Mémoires d'un enfant du Havre 1941-1945

Elisabeth Brunois Songeur
à partir d'interviews de Jean-Jacques Berne
2017

A la famille Barthe qui m'a accueilli comme un fils
en espérant que ce témoignage me permettra de
retrouver Solange, Simone et Henri Barthe

A ma famille de sang si généreuse de son amour

A ma femme, mon fils et mes petits-enfants

JJB

Solange, Simone et Henri vers 1941

NOUVELLE

SOUVENIRS D'UN ENFANT DU HAVRE

Prologue

Je suis l'enfant du désir. Un désir d'enfant et de vie d'une force extrême. Ma mère au tournant de la trentaine me voulut comme le bouquet final de sa vie de femme procréatrice. Je devais être l'ultime comète du feu d'artifice de sa descendance. Notre tribu de huit enfants représentait pour elle autant d'éclats de lumière éblouissants qui étaient sa fierté. Elle avait organisé le jour de ma conception comme une fête de retrouvailles intimes à laquelle rien ne devait manquer. Elle avait prévenu mon père, je serais leur dernier enfant, la chair de leur chair, leur chant du cygne. Elle avait tout préparé avec soin. Elle avait concocté des mets subtils et s'était parée avec raffinement engageant mon père à faire de même. Cette journée devait être exceptionnelle pour permettre la nidation d'un ultime bébé. J'appris tout cela de sa bouche quand sa fin approcha. Elle avait voulu créer une bulle ouatinée pour m'amener à la vie et gardait de ce jour un souvenir d'apothéose aussi bien dans la satisfaction des corps que de l'esprit. Ils s'étaient aimés comme jamais ! L'accueil qui me fut réservé par parents et fratrie pendant mes premières années au Havre résonna longtemps de tout ce bonheur.

Quand je pense au début de ma vie, je suis à chaque fois rempli d'une sensation d'amour intense. Pourtant, si je fouille ma mémoire au demeurant excellente, nulle trace de mes six premières années! Je ressens au plus profond de moi l'existence de fondations d'une extrême solidité, mais n'arrive pas à faire émerger le plus petit souvenir à la surface. Heureusement, quelques photos de cette époque et des commentaires de mes frères et sœurs datant de mon adolescence viennent à la rescousse pour convoquer des images d'une famille des plus unie, d'une fratrie hors du commun. Comme il était d'usage dans les années 1925 ma mère Fanny s'était mariée l'année de ses dix-huit ans avec mon père de huit ans plus âgé et s'était retrouvée très rapidement enceinte. Les naissances s'étaient étalées avec un cadencement quasi militaire toutes les années et demie jusqu'à ma venue au monde. D'abord deux fils André et Marcel de douze et dix ans mes ainés, puis ma sœur Christiane, à nouveau deux garçons Maurice et Georges puis les deux cadettes Dolly et Monique et enfin pour fermer la marche, moi, le petit dernier Jean-Jacques. Les familles nombreuses n'étaient pas rares en ces temps-là, la plus grande maisonnée du quartier ne comptait pas moins de vingt et un enfants. Ma mère de souche paysanne normande était venue au Havre de son village de Saint Vigor d'Imonville éloigné de vingt-cinq kilomètres pour trouver un travail. À l'occasion d'un bal dans le bourg, elle avait rencontré mon père écrivain et chef des vivres dans la marine marchande. D'origine martiniquaise, il était sportif, avait fière allure et portait beau. Avant la guerre, il était rare de croiser un noir, même un créole peu coloré, mais dans le port du Havre les marins de toutes provenances étaient accueillis avec bonhommie. Fanny avait tout de suite aimé Félix. Elle avait été conquise par ses manières délicates, sa politesse et ses connaissances des gens et des terres lointaines. A mille lieues de s'inquiéter de son hâle, elle y avait vu le signe d'une santé florissante et un bon augure pour la famille qu'ils comptaient fonder. Tous deux rêvaient d'une grande tribu voulant compenser une solitude qui avait marqué leur jeunesse. Toute cette nichée avait élu domicile à Sanvic, faubourg du Havre surplombant le front de mer. Mes parents avaient d'abord vécu dans un petit appartement sur le croisement qui délimitait la trépidante agglomération portuaire et la quiète bourgade limitrophe de Sanvic avant de décider de construire la maison de brique rouge qui nous abriterait à quelques en coudées, un peu plus sur les hauteurs. C'est là que je suis né. Je lui trouvais fière allure à la maison de mon enfance avec son perron et ses larges ouvertures. Comme beaucoup de bâtisses de l'ouest de la France, elle était campée sur un vaste sous-sol à demi enterré, bas de plafond qui servait à la fois de cave, de remise et de terrain d'exploration pour nous les enfants. La large porte de bois donnait sur un couloir menant notamment à une immense cuisine. Là trônaient la table qui nous accueillait repas après repas tous les dix et un imposant fourneau de fonte et d'émail. L'évier un peu en retrait, nous a tous vu à la toilette avant la création après-guerre d'une vraie salle de bain. Au fond de la cuisine, une petite porte ouvrait sur la buanderie et autre lieu d'aisance. Faisant face à la cuisine, la salle à manger, majestueuse pièce de réception aux meubles de bois cirés nous était interdite en dehors des réceptions, anniversaires et autres fêtes carillonnées. Il fallait traverser le vestibule, veritable sésame pour atteindre les réserves de fruits et confitures de notre mère soigneusement rangées à la cave. En cas de visite, nous étions toujours prêts à rendre service et à descendre au sous-sol afin d'apercevoir ce qui se passait dans cet espace intimidant car réservé aux adultes. Mes parents et mes sœurs sous leur haute protection se partageaient les deux vastes chambres du premier. Au dernier étage, un formidable dortoir retentissait de la vitalité de l'équipe des cadets et des plus jeunes. Un peu préservés, les deux ainés jouissaient d'un domaine bien à eux, mais mansardé. Cette maison du bonheur était entourée d'un grand jardin aux généreux arbres fruitiers, d'un potager aux légumes abondants, d'une basse-cour où caquetaient des poules toujours en compagnie de deux ou trois cabris. Sa haute stature qui nous permettait d'apercevoir la mer des fenêtres à l'étage nous procurait la sensation d'habiter un lieu d'exception, sorte de manoir surplombant les autres maisons de la rue Georges Sand renommée différemment lors du rattachement de Sanvic au Havre. Dans notre quartier, ma mère était une personnalité reconnue et appréciée de tous. Elle était toujours prête à porter assistance autour d'elle, de la naissance au décès, donnant son lait quand elle en avait en surplus après ses grossesses et allant jusqu'à participer à la toilette funéraire des défunts et à les veiller. L'entraide à Sanvic était un mot d'ordre. Nombre de mères de famille comme elle se retrouvaient la plupart du temps seules en charge de ribambelles d'enfants pendant que leur mari était en mer. Mon père conscient du poids qui incombait à ma mère lui versait l'intégralité de son salaire. Cela n'aurait sans doute pas suffi sans ses capacités à jongler avec les restes et le système de trocs qui était d'usage.

A l'approche de mes six ans, j'eus le droit de me hasarder en dehors de la maison familiale. Sans déambuler trop loin quand même. Avant, l'école maternelle n'existant pas, mon univers avait été surtout composé de ma mère, de la fratrie et cantonné aux pièces à vivre. Mon périmètre d'action s'était donc étendu. J'allais dans le jardin nourrir la basse-cour, ramasser légumes ou fruits et chercher des herbes. Je savais reconnaitre le persil, la ciboulette, le cerfeuil et autres simples que ma mère faisait pousser dans un carré de terre à l'abri du mur. J'aidais ma mère à plumer les volailles. Le poulet était une affaire familiale et un must aux moments des fêtes de fin d'année où ma mère tenait à ce que nous ayons chacun, petits et grands un demi-poulet dans notre assiette. C'est ma mère qui tuait les gallinacés en leur coupant la langue avec ses ciseaux pour que la chair en soit plus fondante. Je participais donc à l'arrachage des plumes et mon père les éviscérait. Un travail d'équipe en somme. Le jour où plusieurs années plus tard, nous n'avons pas assez estourbi le poulet et l'avons plumé encore vivant avant de lui apporter à vider, j'ai vu mon père s'emporter comme rarement. Il détestait voir les bêtes souffrir même s'il considérait nécessaire et de son ressort de tuer les cabris. Là c'était ma mère qui avait le cœur tendre: « ne les fais pas souffrir, car j'ai l'impression quand ils pleurent que ce sont mes enfants qu'on égorge! » Quoi qu'il en soit, nous nourrir et veiller à ce que nous ne manquions de rien était sa préoccupation de chaque jour et elle était passée maître dans la confection de plats et de desserts à base de riz. J'effectuais de menues missions pour la maisonnée et étais parfois envoyé à la recherche de l'un ou l'autre de mes frères et sœurs lancés dans une conversation avec une connaissance du voisinage. Mon père au retour d'un de ses voyages, une fois mis pied à terre au Havre, avait fermement posé les règles. Interdiction de franchir le carrefour qui traçait la limite entre Sanvic et le Havre. Ce jour-là, il faisait grand beau et je m'étais aventuré aux confins du domaine autorisé. Juché sur la plus haute marche de notre ancienne maison, j'observais les quelques voitures, suivais les allées et venues des voisins quêtant le passage éventuel d'un copain de mon âge avec qui jouer au ballon. À deux cents mètres de chez moi, il y avait deux fermes. Les enfants des fermes étaient plus hardis et toujours prêts à s'esquiver pour échapper aux travaux auxquels leurs parents s'attendaient à ce qu'ils prennent part. Et puis, pas loin de là habitait le fils du maire de Sanvic avec qui je me mesurais parfois au foot. J'en étais là dans mes pensées quand j'ai aperçu au loin un sidecar venant dans ma direction, pile face à moi, de la voie émergeant presque en ligne droite de l'église de Sanvic. C'étaient deux soldats allemands casqués et lunettés. Cela faisait plusieurs jours que l'on craignait l'arrivée des Allemands. J'entendais les adultes échanger à mots couverts. Étaient-ils habillés de noir ou suis-je le jouet de mon imagination? Ils m'ont paru conformes à l'image dangereuse que j'avais élaborée à partir des propos anxiogènes de mon entourage. Quand ils se sont arrêtés à mon niveau pour me demander l'itinéraire vers le Fort de Sainte-Adresse, je suis resté pétrifié. J'ai esquissé un mouvement pour indiquer la route du cimetière et ai détalé, effrayé. Je pense qu'ils étaient responsables de la circulation routière et ouvraient le chemin, car dans un nuage de poussière, j'ai aperçu d'autres véhicules allemands suivants au loin. Je connaissais bien la direction du Fort.

La route longeait un cimetière et un terrain vague où nous allions chercher des mûres que ma mère transformait en succulentes confitures. L'arrivée des Allemands au Havre est mon premier souvenir précis. Je me revois suite aux bombardements anglais traquant avec mes frères les éclats d'obus dans notre jardin. Pourtant Sanvic est un des rares quartiers attenants au Havre à avoir été épargné par les bombes et les destructions massives.

Un jour d'automne, j'avais six ans, on m'a pris par la main et annoncé: tu vas là avec ce groupe d'enfants. Était-ce ma mère, ma sœur, mon frère ou un parent, je ne saurais le dire précisément. « Tu t'en vas, car c'est la guerre, il faut te mettre à l'abri des bombes et où tu vas, tu auras à manger ». J'étais un petit garçon facile, confiant qui écoutait parents et frères et sœurs. Je ne me suis pas senti abandonné d'autant que je suis parti en même temps que mes deux plus jeunes sœurs Monique et Dolly. À l'époque, on ne questionnait pas ses parents, on obéissait. Je ne me suis pas interrogé plus avant et ai pris les choses comme elles étaient. Il ne me serait pas venu à l'idée de contester ou de faire reproche à mes parents de leur décision. Le Havre était bombardé en continu par les forces alliées et les écoles fermaient ou fonctionnaient à temps partiel. À la fin de la guerre, il n'en restait plus qu'un quart, la plupart avaient été rasées par les lâchés aériens. Le gouvernement de Vichy mettait en place des actions pour protéger les enfants et les faisait évacuer en fonction des alertes et pour des périodes plus ou moins longues vers des écoles refuges établies dans des châteaux, manoirs, couvents hospices, réquisitionnés loin à l'intérieur des terres. Pour les plus jeunes, une association caritative initiée par la Maréchale Pétain, parait-il, avait mis en place des accueils en famille dans les pays relativement préservés par la guerre et les privations où ils trouvaient des volontaires, à savoir principalement en Suisse et dans le Maghreb. Les mères élevant seules des familles nombreuses étaient vivement encouragées par l'administration en place au Havre à laisser partir leurs plus jeunes enfants pour les préserver. C'était le cas de ma mère puisque mon père et son bateau de la Compagnie

Générale Transatlantique avaient été réquisitionnés pour le transport de troupes par les alliés et étaient bloqués à Alger. Pendant toute la durée de l'occupation, elle fut donc seule avec l'aide de ses ainés à pourvoir aux besoins de sa famille et malgré son énergie, son courage inébranlable et sa débrouillardise peinait à nourrir toutes ses bouches. Régulièrement, elle se rendait à pied vers les fermes du hameau de son enfance à la recherche d'un peu de nourriture. Elle n'hésitait pas à marcher les vingt-cinq kilomètres qui séparaient Sanvic de la ferme où nos grands-parents étaient métayers pour rapporter de quoi améliorer l'ordinaire. Elle repartait souvent dans la journée chargée des quelques maigres victuailles glanées parmi ses connaissances. Les rationnements s'amplifiant avec l'occupation qui s'installait, sa quête de vivres devenait chaque fois plus ingrate.

Je me souviens vaguement d'un quai de gare avec mes sœurs, puis d'une escale pour la nuit sans doute à Paris ou les filles et les garçons ont été séparés. Nous avons repris le train pour Marseille et je nous vois sur le bateau ou régnait une odeur nauséabonde et où la traversée s'est faite pour moi dans un brouillard réel ou subjectif. Et enfin, le gouffre sans fond où je suis seul, sans mes sœurs, mes frères ni amis moi le huitième gamin dont l'enfance a été bercée par la vie tumultueuse d'une fratrie. Mon estomac s'est, je crois, mis à refuser toute nourriture. Je suis arrivé en pleine nuit dans un univers qui m'a semblé inhospitalier tant je me sentais perdu, enfermé dans un grand silence si inhabituel pour moi le dernier né d'une famille de huit. Submergé par l'incompréhension, j'ai eu l'impression d'avoir sombré dans un trou noir! Combien de temps? De vagues notions me reviennent. Je vois les ombres d'un couple sans enfant, une ville inconnue que je crois être Oran, un vide sidéral. Une image illustre ma solitude et mon désarroi. Je suis seul, errant dans un garage en sous-sol, écrasé jusqu'à l'étouffement par ces lieux qui ne me sont rien. J'essaye désespérément de me raccrocher à des éléments familiers et cherche à identifier les voitures autour de moi. Elles me paraissent gésir éparses dans ce sous-sol, naufragées comme moi. Une figure amie me ramène un peu d'espoir dans cette désolation qui m'enveloppe, c'est une Citroën noire! J'en suis sûr, tout droit sortie de mes souvenirs des rues encombrées du Havre, elle seule m'a permis de reprendre pied dans cet univers impénétrable. Rêve ou réalité? D'ailleurs, que s'est-il passé? Ai-je été malade? Me suis-je muré en moi-même? Laissé dépérir? Il semble que j'ai cessé de m'alimenter. D'où me vient cette impression que les adultes insondables qui m'entouraient, percevant mon désarroi, ont voulu me rapprocher de mes deux sœurs et me ramener à la vie en demandant à une famille de colons d'une communauté vinicole de m'accueillir?

Mon séjour à Oran dans un monde uniquement peuplé d'adultes m'était apparu incompréhensible et m'avait jeté dans une torpeur hébétée. L'enfant éveillé et insouciant avait fait place à un garçonnet engourdi, craintif et introverti qui s'était refermé sur lui-même, choisissant de tout oublier. Au brouhaha joyeux et vivifiant de la tribu avait succédé un silence enveloppant, une chape impénétrable. Pour être imperméable à mon mal-être, je me recroquevillais intérieurement dans une sorte d'amnésie salvatrice. Tout ou presque a été emporté dans cette tentative de survivre à l'inexplicable y compris mes souvenirs d'enfance, les images de ma mère, mon père, mes frères et mes sœurs ainsi que les premières bribes de connaissances acquises au sein de la famille.

Il est surprenant que dans les années 40, les organisateurs du placement des enfants du Havre dans des familles d'accueil aient réalisé qu'il fallait absolument recréer autour de moi un climat familial. L'heure n'était pas à étudier les états d'âme des enfants. Toujours est-il que pour me sauver de la claustration dans laquelle j'étais tombé, on m'avait trouvé une famille d'accueil avec enfants toute proche de celle qui offrait l'hospitalité à mes deux sœurs en plein cœur de Lavayssière près de Tlemcen. C'est là que monsieur Barthes était venu me chercher. J'ai souvenir de courtes retrouvailles et de maigres échanges avec Dolly et Monique. Je me sentais déboussolé. J'étais cependant reparti plus léger avec l'assurance de pouvoir les voir aussi souvent que je le souhaiterais. Leurs hôtes proches de la cinquantaine sans être démonstratifs s'étaient montrés bienveillants à mon égard et m'avaient promis que je serais toujours bienvenu dans leur sage bâtisse d'un étage au style européen. Profitant de cette autorisation, je passais voir mes sœurs régulièrement en sortant de l'école. C'était sur ma route pour rentrer chez moi. Je ne m'attardais pas, car vite à l'aise avec les enfants Barthe et m'entendant comme deux larrons en foire avec Henri, le fils de la famille, je m'éclipsais au bout de quelques instants pour le rejoindre. Il m'attendait le plus souvent dans les parages tout en concoctant quelques tours pendables ou en essayant d'organiser une partie de foot avec d'autres gamins de l'école. Savoir mes sœurs proches m'a redonné confiance et permis de retrouver des forces, de sortir du point mort dans lequel je me débattais depuis quelques semaines pour enfin engranger une vitesse. J'ai le sentiment d'être passé des ténèbres à la lumière. Déjà après cette première après-midi de recomposition au moins partielle de la fratrie, assuré que je pourrais facilement rencontrer mes sœurs, j'ai suivi sans appréhension le monsieur habillé de clair venu me chercher. Pour me réconforter, pendant le court trajet qui nous séparait de la coopérative, il me donna force informations sur son foyer. Quand quelques mois plus tard, Monique et Dolly sont rentrées en France suite à la poliomyélite de la plus jeune, j'étais parfaitement acclimaté et ai vécu leur départ avec tranquillité. La gravité de son état nécessitait des soins uniquement disponibles en France. Au Havre ou à Paris, on saurait la soigner et puis Monique et la famille seraient là pour la bichonner. Cette évidence me permettait d'envisager notre futur à tous avec confiance.

Ma nouvelle famille d'accueil gérait une coopérative vinicole à l'entrée du village de Lavayssière. C'était comme une grosse ferme aux allures un peu provençales. À la belle saison, des charrettes apportaient les raisins des propriétés environnantes pour en extraire le jus au moyen d'impressionnantes presses qui évoquaient pour moi les pressoirs à cidre de mon terroir normand d'origine. Le moût se transformait rapidement en vin dans de grandes cuves semi-enterrées pour ne pas souffrir de la chaleur et était destiné à la consommation locale, au plus régionale. Le père de la famille Barthes, un homme mince, mais vigoureux et sa femme avaient trois enfants. Les deux filles Solange et Simone étaient en pension dans un collège religieux à Tlemcen, mais revenaient régulièrement pour les vacances. Leur père s'habillait alors avec costume et chapeau pour les ramener dans sa Citroën C6. Pour venir me chercher ce jour-là, il avait également revêtu sa tenue de ville. Leur fils Henri avait mon âge et attendait avec impatience mon arrivée. Tu aimeras l'endroit où nous habitons me dit-il, la maison est encastrée dans les vignes et les oliviers. Tu verras, c'est magnifique. L'impression gardée de mon atterrissage à la coopérative fut celle d'une mue. Le petit garçon prostré que j'étais devenu avait soudain la capacité de respirer goulument l'air de la vie. Les semaines passées m'avaient rendu prudent et j'adoptais d'abord face aux adultes une attitude de réserve polie. J'essayais d'être le plus neutre possible, jusqu'à la transparence afin de ne pas susciter d'autres velléités de m'envoyer vers un ailleurs angoissant. Dès que j'étais en dehors des murs de la coopérative, je prenais vie, prêt à toutes les facéties avec mes nouveaux copains de jeu, les enfants du couple responsable de la coopérative. À ma descente de voiture la maman, une femme gironde et alerte m'accueillit avec chaleur. Tous deux avaient la bonhommie des gens heureux de vivre proches de la nature dans une contrée nimbée par le soleil. Leur quotidien était celui de viticulteurs et ils ne craignaient pas leur peine. La mère de famille pourvoyait au bien-être de tous, parents et employés agricoles, sans aide extérieure. Ils s'occupèrent de moi comme d'un des leurs, nourri, logé, habillé comme leurs enfants. Je n'ai jamais ressenti la moindre ségrégation entre moi et leurs petits, même éducation, mêmes punitions si nécessaires. J'étais heureux avec eux, choyé, bien éduqué. Je retrouvais à la coopérative une ambiance pleine de vie. J'entends encore les éclats de rire des deux filles de la famille s'attelant à me faire prendre mon bain dans un vaste baquet sur la terrasse. Je revois les gestes précautionneux de leur mère remplissant chaque soir une grande cruche en terre cuite de couleur ocre. La moindre température des nuits se chargeait de la rafraîchir pour notre consommation du lendemain. Je ressens ma stupeur devant le drame de l'invasion de sauterelles. J'observais le ciel s'obscurcir en ce milieu de journée sans en comprendre la cause. Soudain, le gros nuage gris s'est jeté sur les raisins et les insectes ont tout dévoré en quelques heures. Un souvenir mémorable! Dans la mesure de mes capacités, comme tous les membres de la famille, je prenais part en cas de besoin aux travaux du moment, j'ai ainsi gardé les oies, aidé à l'entretien des champs d'oliviers, etc. Nous contribuions volontiers à ces tâches. Cela nous permettait à Henri et à moi de repérer les branches qui pourraient devenir de très performantes armatures pour nos lance-pierres et nous pouvions nous aventurer dans la campagne. Des Espagnols habitaient en face de chez nous et quand je promenais les oies, je ne manquais jamais de passer près de chez eux tant le fumet de leur cuisine aux oignons et à l'huile d'olive me ravissait. J'ai essayé par la suite de retrouver dans les omelettes à l'espagnol que je mitonne ces senteurs sœurs de celles de la cuisine martiniquaise concoctée par mon père et qui me plaisaient tant.

J'aimais également leur accent chantant quand je les entendais dire « Késako Juanito ». Cette interjection en occitan s'adressait-elle à moi ou à un autre enfant comme j'avais envie de le croire?

Les vingt minutes de marche qui séparaient la coopérative de l'école nous donnaient à Henri et à moi un espace de liberté, quatre fois par jour puisque nous rentrions déjeuner. J'ai vécu ces quatre années au milieu de la famille Barthes littéralement comme des « grandes vacances » dans un pays de cocagne ou le soleil répond toujours présent. Ses rayons m'infligeaient au passage de cuisantes brûlures que Madame Barthes soulageait au moyen d'un verre rempli d'eau fraiche, retourné avec dextérité sur la peau pour apaiser la fièvre de l'insolation. Je n'ai pas de souvenir de pluie ni de froid intense. La notion de temps n'existait pas, je vivais au jour le jour une parenthèse même pas obscurcie par l'école. L'enseignement à cette époque difficile était fait à minima, nombre d'instituteurs s'étant engagés, et les leçons se cantonnaient aux bases indispensables: lecture, calcul et les premiers rudiments de l'écriture. Les jours sombres de la solitude des premières semaines de mon arrivée étaient du passé. Je dégustais mes vacances au jour le jour sans regarder derrière moi ni me préoccuper de l'avenir. Quand sonna la fin des vacances, je ne fus pas surpris et je quittais les Barthes comme je m'étais séparé quatre ans plus tôt ma famille d'origine, avec la confiance de l'enfant certain de l'amour qui lui est porté. En rentrant en France, je n'avais pas conscience que quatre années de vacances entre six et dix ans, c'était énorme. Sous le soleil, être un garçon docile pour qui l'école n'était qu'une distraction parmi tant d'autres comme jouer au foot, servir la messe ou crapahuter dans les champs avait paru suffisant. Personne n'avait songé à me mettre en garde. En Algérie, il me semblait que je me conduisais juste comme les autres petits sauvageons avec qui je jouais dans la cour en terre battue. Pour moi, aller à l'école était prétexte à des jeux et l'idée de m'appliquer à apprendre les leçons ne m'avait pas effleuré. Sous le ciel azur, les proportions s'étaient inversées. L'école était principalement le lieu où on s'amuse et accessoirement où on s'essaye à la lecture, les pleins et les déliés ou le calcul. Loin de la métropole, au milieu d'un conflit mondial et sous un soleil joyeux, rien ne venait me rappeler à l'ordre. Tout avait le goût du plaisir. J'ai souvenir d'un instituteur, mais surtout d'une assistante scolaire qui dès les premières floraisons des orangers et clémentiniers nous emmenaient découvrir la nature et toutes sortes de plantes étonnantes comme les concombres sauvages et autres figuiers appelés doigts de dame. Nous repartions en randonnée plusieurs fois dans l'année au gré du rythme des saisons. Aller tous les dimanches matin servir la messe avec Henri et deux camarades de mon âge m'avait également semblé très amusant. J'avais été immergé dans les fastes du rite catholique et m'étais réjoui devant les peintures du cœur comme un spectateur face à des décors de théâtre. Tout cela était nouveau pour moi, car mes parents bien que chrétiens ne fréquentaient pas les lieux de culte. Pas de disponibilité pour ce faire en ce qui concernait ma mère et une appétence modérée des curés pour mon père. Il pensait que le mode de vie des prêtres les portait souvent à des déviances qui pouvaient mettre les enfants en danger. Des considérations très modernes en ces temps où l'on ne parlait pas de ces choses-là. J'ignorais tout cela et trouvais du plaisir à changer de costume et revêtir un surplis blanc brodé pour participer à cette cérémonie à laquelle toute la famille Barthe assistait. Positionné dans la nef à droite du curé, j'occupais un poste d'observation et pouvait repérer les allers et venues. J'aimais ce rite et le retour en famille vers le repas dominical. Nous prenions notre temps, admirant les évolutions de la nature à travers les saisons, commentant les attitudes et tenues des uns ou des autres, échangeant au passage avec des connaissances et riant tant et plus dès que l'occasion se présentait. Il n'avait pas été question d'apprendre le catéchisme, mais simplement de me couler dans le rôle du servant comme mes copains. Étudier, se cultiver ne faisait pas partie de mon mode de vie. Peut-être, les us et coutumes locaux et mon état de délabrement à mon arrivée avaient fait que l'on m'avait tout bonnement laissé vivre.

Henri et moi étions à l'affut, cherchant dès que nous nous glissions dehors quelle action entreprendre pour nous sentir exister par tous les pores. Les premiers jours après mon arrivée avaient été calmes. Nous nous observions et je profitais de cette période de reconnaissance pour capturer tous les éléments constitutifs de ma nouvelle vie: les champs d'oliviers qui longeaient la route de terre menant à l'école, les labours où je voyais des chevaux arrimés à de lourdes herses creuser lentement leur sillon, le village, etc. La place pentue de la minuscule bourgade ne me semblait avoir qu'une vocation, inciter tous les habitants à se rendre dans la petite boulangerie du bas aux senteurs chaudes et accueillantes. Vers la fin de la matinée, nous rebroussions chemin, quittant l'école où la sagesse était de mise pour nous précipiter affamés vers la confortable salle à manger de la coopérative où se restauraient tous les membres de la famille, mais également les saisonniers et les divers travailleurs dont le sort était lié à la coopérative. Ces grandes tablées me rassuraient sans que j'aie vraiment conscience d'une forme de prolongation de mon vécu au Havre. L'après-midi, nous prenions notre temps pour rejoindre l'école. Les laboureurs et autres paysans avaient délaissé les vergers d'orangers et les champs et recommenceraient leur labeur vers dix-sept heures. Les flancs de la route nous semblaient être un immense terrain de jeu. Les branchages d'olivier accessibles du chemin étaient la cible continue de nos rapines. C'était à qui dénicherait la branche présentant une fourche en Y idéale pour confectionner le lance-pierre le plus percutant! Très vite, nous ne fûmes plus satisfaits de nos constructions de brindilles et de bouts de tissus. Il fallait être plus hardi, nous munir d'un couteau pour couper les solides branches repérées. Nous étions à la recherche d'un matériau plus souple pour lancer au loin. Nos premières investigations nous menèrent dans les champs. Les chevaux avaient été dés-attelés et se reposaient à l'abri. De nombreux outils et harnachements de toutes sortes étaient restés dans les sillons. Quelle aubaine! Nous ramassions tout ce que nous pouvions pour le cacher, le mettre de côté en vue d'une idée d'utilisation ultérieure.

Les énormes tuyaux qui servaient de drains le long de la route se transformaient en grotte pour nos trésors chapardés dans les champs. Les paysans n'arrivaient pas toujours à retrouver tout leur matériel et de plus en plus méfiants, nous observaient dans nos allés et venus. Un jour où nous nous étions montrés encore plus hardis dans nos méfaits, nous fûmes surpris par un homme qui nous parut immense d'autant qu'il était vêtu des pieds à la tête d'un blanc étincelant et portait turban. L'image même du justicier! Sa peau foncée prenait tout son éclat dans cette tenue qui réverbérait la lumière. Nous détalâmes, heureux pour une fois de nous réfugier à l'école. Deux heures s'étaient à peine écoulées quand nous fûmes priés de nous rendre dans la cour. Là, l'homme au physique impressionnant passait en revue les élèves. Il nous reconnut immédiatement Henri et moi. Ou est-ce notre attitude inquiète qui l'alerta? Nous dûmes sortir des rangs et le suivre pour une correction qui nous ôta l'envie de folâtrer dans les champs d'autant que les Barthe durent je crois, indemniser les paysans lésés. Cet intermède fut de courte durée. Les élucubrations les plus hasardeuses se bousculaient dans nos caboches débordantes de vie. Nous étions toujours en maraude pour améliorer les performances de nos lance-pierres. Qui de nous deux eut l'idée de prélever de fines lanières de caoutchouc dans les précieuses chambres à air entreposées dans le garage de la coopérative? Grâce à ces armes redoutables entre nos mains, nous décimions les oiseaux. Pas de pitié pour les moineaux, fauvettes, grives, bergeronnettes, hirondelles, alouettes et autres corbeaux. Aucunement émus par leur grâce, leurs couleurs étonnantes et leurs gazouillis, nous les prenions comme cibles de nos compétitions de chenapans sans autre motif que de faire montre de notre adresse. Par notre dextérité dans ces jeux, nous massacrions les oiseaux qui se hasardaient sur les lignes électriques et les abandonnions pour mort sur le sol sans le moindre état d'âme. Nous ne dédaignons pas non-plus, de temps en temps, de réduire en miettes les « tasses » en verre protégeant les bobines installées près des poteaux électriques. Tant que nous n'étions pas surpris par un adulte, nous ne réalisions pas la sottise de nos actes. Nous avions juste à cœur de nous confronter l'un à l'autre et nous imaginions proche des preux chevaliers du temps passé se défiant dans des tournois. La colère du père d'Henri, en charge de la coopérative, lorsqu'il découvrit les savants découpages effectués dans ses chambres à air de rechange, bien de grande valeur en ces périodes troublées, nous sidéra. Nous nous sommes sentis coupables en voyant cet homme bon et pondéré aussi atterré. L'originalité de sa punition reste gravée dans ma mémoire. Il nous ordonna de nous mettre dos à lui et nous bombarda les jambes avec nos propres munitions au moyen des lance-pierres incriminés. À l'époque les garçons portaient des culottes courtes et le châtiment fut cuisant pour nos cuisses et mollets. Nous n'avons pas pipé mot et nous sommes gardés de geindre bien conscients soudain du forfait inacceptable accompli. Puis la vie a repris son cours. Nous délaissions parfois nos frondes pour des sarbacanes façonnées à partir de tout ce qui nous était accessible: morceaux de tuyaux ou éléments de bricolage chapardés à la coopérative, roseaux évidés, etc. Les jouets étaient pour ainsi dire inexistants en cette période de conflit. Tout comme les enfants de « La guerre des boutons », nous faisions jeu de tout ce que nous découvrions à proximité, du bouton à la bobine. Le challenge dans ce jeu que nous avions quasiment élevé au niveau d'un sport olympique était proche de celui du craché de noyaux de cerises. Sauf que nous n'étions pas circonscrits aux saisons. Nous avions changé de types de cartouches et avions fait évoluer nos munitions. Les cailloux choisis en fonction des cibles avaient été remplacés par des flèches de papier qui devaient être parfaitement équilibrées. Si la recherche des pierres adéquates prenait du temps, la confection des flèches demandait une adresse considérable et pouvait nous occuper des heures entières. J'étais passé grand maître dans leur réalisation et était toujours à l'affut des rebuts de papier. C'est que c'était une denrée rare à cette époque et le gaspiller pour s'amuser n'aurait pas été admis. Nous collectionnions donc tous les papiers usagers pouvant être transformés en fléchettes pour notre sagaie de fortune. Il nous est également arrivé de sacrifier quelques pages de cahier ou de livre sur l'autel de la sacro-sainte fléchette! Était-ce parce que j'avais le souffle puissant, par ce que mes flèches étaient particulièrement performantes ou que j'avais su choisir une sarbacane offrant un bon rapport pour le lancer, mais il n'était pas exceptionnel que je batte Henri dans cette discipline. Je n'en étais pas peu fier! Sans créer des morsures très douloureuses, les flèches pouvaient s'avérer dangereuses. Plusieurs années plus tard, alors que je faisais la démonstration de mon art à la table familiale, une pointe de papier alla se ficher au coin de l'œil de mon beau-frère me laissant mi-fier et mi-inquiet jusqu'à ce que ce dernier salue mon exploit et se débarrasse de l'intruse sans gêne apparente.

Je jouais souvent au foot dans la cour de l'école avec les autres élèves. Nous étions une trentaine, tous des garçons, principalement des fils de colons, mais également quelques enfants algériens, fils de commerçants ou d'ouvriers agricoles travaillant à la coopérative. Je m'étais fait un copain d'un petit Arabe de mon âge que je raccompagnais parfois jusqu'au hameau d'une douzaine de maisons qui jouxtait les terres de la coopérative. En traversant les vignes, j'aimais laisser libre cours à mon imagination et jouer au Robinson dans les abris de palmes tressées construits pour protéger les ouvriers agricoles aux heures chaudes de la journée. En m'approchant d'une de ces cabanes nommées localement « Mechta », j'entendis parler. Curieux me dis-je, ce n'est pas une période habituelle pour les travaux de la vigne, je poussais la porte et vis deux individus habillés en militaires allemands, le poignard à la main, occupés à manger à même une boîte de conserve. Vêtus de cuir, casque et lunettes de moto sur la tête, ils me rappelèrent les soldats en sidecar entrevus quelques années auparavant. Je me sauvais à toutes jambes pour couvrir les six cents mètres qui me séparaient de la coopérative et avertir la famille. Une battue fut organisée par les autorités locales et le garde champêtre qui retrouvèrent rapidement les deux déserteurs. J'étais le héros du jour et n'étais pas peu fier de cette participation à la fin des combats.

Ne souffrant d'aucune privation, m'amusant au quotidien sans que rien ne vienne troubler mes jeux, j'aurais oublié la guerre si ce n'avait été quelques propos d'adultes surpris ici et là. Un jour où nous jouions sur le chemin de terre entre oliviers et vignes non-loin de la coopérative, nous vîmes à l'horizon un énorme nuage de poussière. Nous étions quatre ou cinq sur le bord de la route à scruter le phénomène y allant chacun de notre commentaire sur la cause de cette bizarrerie: une nuée d'insectes, un convoi de charrettes? Des rumeurs nous étaient bien parvenues d'un débarquement des Américains en Algérie. Mais tout cela paraissait tellement loin de notre village. En quelques secondes, nous vîmes passer toute une compagnie de soldats américains motorisés. Ils freinèrent à notre niveau pour nous distribuer quelques chocolats et chewing-gums avant de repartir poursuivis par nos piaillements joyeux vers le bourg qu'ils traversèrent en un éclair. Nous étions en 1943, une unité armée d'Américains d'environ quarante jeeps et peut-être cent cinquante militaires venait de déferler sous nos yeux ébahis.

L'été battait son plein, nous étions mi 1944 quand un courrier de France arriva à mon intention. C'était le premier reçu depuis mon départ de France et il m'était personnellement adressé. Au début de mon séjour à Lavayssière mes sœurs m'avaient fait part d'une lettre de la famille. Puis, plus rien après leur retour en France au bout de dix mois. Sans doute avait-on pensé que j'étais trop jeune pour que l'on m'envoie une lettre. La famille Barthe fit cercle autour de moi pour entendre les informations de la métropole. Je déchiffrais péniblement quelques lignes tracées d'une main assurée par ma sœur Christiane. Pressée de connaître les nouvelles et lassée par mes ânonnements poussifs, Simone l'ainée des sœurs Barthe, revenue à la coopérative pour les grandes vacances me proposa de me faire la lecture. Un peu mortifié, mais soulagé, je lui abandonnais bien volontiers la tâche. Ma sœur Christiane m'annonçait son mariage avec un voisin Jean-Baptiste. J'étais aussi heureux d'avoir été considéré comme devant être informé qu'indifférent à la nouvelle, n'arrivant à remettre de visage ni sur ma sœur ni sur son amoureux!

Je me sentis un peu déstabilisé à la fois par la réalisation de mes piètres capacités de lecteur et par mes difficultés à visualiser ma famille génétique. Cet épisode reste ancré en moi comme les prémices des problèmes qui m'attendaient en France.

Réunion de deux fratries: Dolly, Monique et Jean-Jacques avec les enfants Barthe en 1942

L'APRÈS…

On m'avait pris par la main et envoyé en Algérie et quatre années plus tard, j'ai dû revivre le même déchirement, mais dans le sens contraire. Je me suis laissé porter par le vent en évitant de penser et de ressentir. Ces ruptures étaient tellement insupportables pour moi que j'avais choisi inconsciemment d'oublier ma famille d'adoption après avoir oublié ma famille génétique. Quand mes sœurs étaient reparties, je n'avais plus eu personne pour entretenir le souvenir de notre famille et j'avais tout oublié. Lorsque la lettre de ma sœur Christiane annonçant son mariage avec notre voisin Jean Baptiste était arrivée, ma famille d'adoption me l'avait lue et commentée. Était-ce parce que je n'arrivais vraiment pas à déchiffrer les lettres ou que cet effort suscitait une trop grande souffrance pour que je m'y essaye, tel le cheval qui renâcle devant l'obstacle? Après mon départ d'Algérie, le contact a été rompu. Mon père aurait eu des facilités pour rédiger un courrier en tant qu'écrivain et chef des vivres dans la marine marchande, mais il n'était que rarement là. Dès la fin de la guerre, il avait repris des missions de cabotage vers les ports d'Amérique du Sud, dépassant le cap Horn pour aller jusqu'à Valparaiso. Ma mère sans doute accaparée par le quotidien et la nécessité de ressouder la fratrie un moment disloquée négligea de les remercier. Tout cela était certainement également douloureux pour elle. Personne ne leur a dit à quel point je leur étais reconnaissant. Il est vrai que faire de la correspondance n'appartenait pas aux habitudes de notre famille. Je n'avais pas reçu plus de deux lettres en quatre années d'absence. Je me sentais pourtant l'enfant de cœur de mes parents d'adoption en Algérie. Je m'étais fondu dans la vie locale, intégré dans la famille. J'avais vécu quatre années de bonheur et de vacances sans contraintes ou presque et avais perdu la notion du temps. Nous mangions, jouions, allions à l'école et le soleil dardait toujours. Tout était source d'amusement. Pourtant ma mémoire a jeté un voile opaque sur cette période de ma vie. De ces quatre années en Algérie, je ne me souviens que des bêtises de deux voyous, concoctées joyeusement avec Henri ou à contrario des points d'éducation assimilés là-bas et validés par mon père: « En Algérie, tu as appris à bien te tenir à table, je te demande de ne pas faire comme tes frères! » De nombreuses années plus tard, en gagnant en assurance et en maturité, j'ai voulu retrouver ma famille d'adoption, mais j'avais perdu leur piste. Quand on m'a dit: « tu vas retrouver ta famille », j'ai juste compris que les vacances étaient finies. Aucune image ne me venait à l'esprit lorsque l'on évoquait ma famille, mais je suis parti le plus naturellement du monde sans un pleur, sans état d'âme pour me réapproprier mes vrais parents dont je n'avais gardé aucune trace en mémoire. Ma courte vie de garçonnet balloté m'avait appris à m'adapter aux circonstances. De la traversée de la Méditerranée en bateau jusqu'à Marseille, je ne me souviens que des remugles des compartiments sous le pont où étaient installés les enfants rentrant comme moi chez eux. Tous ces enfants venaient eux aussi de passer entre un et quatre ans en Algérie. Tout était donc dans la norme. L'odeur était telle que je suis resté le plus longtemps possible sur le pont avant de rejoindre mes camarades de navigation. À Marseille, nous avons pris le train, du moins, me semble-t-il, car ma mémoire avait déjà commencé son travail de sape et je ne me rappelle plus que de mon arrivée au Havre. À la sortie des wagons, les accompagnateurs ont cherché à nous canaliser et à nous maintenir ensemble jusqu'à ce que chaque enfant ait pu être restitué à sa famille. Qu'est-ce qui m'a poussé à me désolidariser du groupe? Un besoin de liberté?

J'avançais avec ma valise sur le quai quand deux dames m'ont interpellé. Comment t'appelles-tu petit? J'ai décliné mon identité sans m'interroger. La plus âgée a alors annoncé: « je suis ta mère et voici ta sœur Dolly ». Je ne les avais pas reconnues. Ma mère est allée signaler aux accompagnateurs qu'elle m'emmenait puis nous avons pris le tramway jusqu'à l'église de Sanvic. Le tramway plus que les retrouvailles a marqué mon esprit. Ce mode de transport n'existait pas où j'avais vécu en Algérie. Tous les quartiers du Havre sur l'ensemble de la frange côtière et jusqu'à un kilomètre à l'intérieur étaient en ruine. Pourtant les hauteurs de Sanvic et de Sainte-Adresse avaient été épargnées. J'ai quitté le wagon rempli d'inquiétudes pour parcourir les six cents derniers mètres nous séparant de notre maison du 6 rue Georges Sand. La haute et élégante maison de briques rouges était intacte et toute la famille à l'exception de mon père était là au grand complet à m'attendre. Je découvris que mon père était posté depuis cinq ans en Algérie. Il rentra quelques jours après moi. Mes frères et sœurs, beau-frère et neveu me furent présentés tour à tour et me serrèrent dans leurs bras. Inconsciemment, j'avais mis une chape de plomb sur mon passé en France et je n'avais reconnu personne. Une nouvelle page de ma vie commençait et je voulais l'accepter. Pourtant, confronté à la grisaille du Havre, le soleil et les couleurs du Sud me manquaient déjà.

À mon arrivée, je me retrouvais l'objet de la sollicitude de tous et je fus happé par l'effervescence des familles nombreuses. Sans se le dire, tous les frères et sœurs s'étaient fixé le même objectif: réadapter l'enfant prodigue que l'on avait perdu. Chacun y allait de son anecdote pour m'aider à reconstituer un passé qui m'avait fui. Ma mère Fanny me raconta comment elle m'avait soigné et évité toute maladie grave en m'allaitant comme elle l'avait fait pour tous jusqu'à vingt-quatre mois. Son lait coulait à profusion et était d'une qualité exceptionnelle ce qui lui avait permis de nourrir nombre d'enfants dans le quartier et d'être une personnalité appréciée dans ce petit monde composé de familles de dockers, pêcheurs et ouvriers. Mon frère Georges avait même eu un frère de lait! Mes frères André et Marcel de dix et douze ans mes ainés me décrivirent comment ils me couvaient à leur façon entre trois et six ans. Ils avaient pris l'habitude de m'arrimer sur le porte-bagages de leur vélo pour m'emmener les voir jouer au foot. À l'époque, les stades ne comportaient pas de vestiaires et leurs vêtements et ceux de leurs copains étaient rassemblés en un igloo pour me préserver du froid. J'écoutais mesurant l'immense preuve d'amour apportée par mes frères. Quels autres adolescents s'encombrent d'un tout petit gamin? Pas de doute emmener son petit frère partout avec soi, même à l'entrainement est une vraie marque d'affection. Mes plus jeunes frères n'étaient pas en reste. Ils se remémoraient mes facéties quand bambin dans les jupes de ma mère, je m'élançais vers eux à leur retour de l'école. À l'époque, le jardin d'enfant n'existait pas et je restais avec ma mère et ma sœur Christiane, m'essayant à certaines tâches domestiques ou à la cuisine. Parfois, j'étais prié de tenir ma langue sur la surprise préparée l'après-midi même pour le dessert. Naïvement, je me précipitais sur mes frères dès leur arrivée en criant: « Maman n'a pas fait de dessert aujourd'hui »! Mon frère Maurice de huit ans mon ainé avait malgré ses dix-huit ans accueilli le partage de son lit avec moi avec bonne humeur. Ma sœur Christiane bien que souffrant de polyarthrite déformante était une véritable deuxième maman pour moi. Quand j'étais enfant, elle me baignait, m'aidait à m'habiller, m'emmenait en course, toujours très fière de se promener avec moi. Ma sœur Dolly surenchérissait: « quand tu étais bébé, tu étais tellement beau que les gens voulaient tous te prendre dans leurs bras! ». Ce tableau sympathique brossé par tous et l'accueil chaleureux qui ne se démentit jamais me permirent de reprendre très rapidement ma place dans la famille. Même ma sœur Monique malgré les souffrances et vexations que lui infligeait sa jambe atrophiée par la poliomyélite savait me montrer le plaisir de m'avoir retrouvé. Notre différence d'âge était minime, nous avions été proches pendant quelques mois en Algérie et nous comprenions en peu de mots.

À son retour, quelques jours après moi, mon père m'octroya la place d'honneur, me prenant à sa gauche lors des repas réunissant toute la fratrie y compris le mari de ma sœur et son fils. Très à cheval sur la tenue à table et en société, mon père salua en connaisseur l'éducation que m'avait dispensée la famille Barthe sans sévérité excessive. Bien que ne fréquentant pas l'église, mon père nous élevait dans une morale chrétienne stricte. Notre attitude devait être calme et posée. Il ne se mettait jamais en colère. Si nous faisions une bêtise, il pointait du doigt et nous devions immédiatement nous lever et aller nous coucher. « Je n'ai pas à vous expliquer, vous savez pourquoi ». Jamais violent, toujours impeccable, il exigeait que nous obéissions au doigt et à l'œil. Quand il était là, nous n'avions pas l'autorisation de jouer dans la rue, mais pouvions nous défouler au foot dans les champs d'à côté ou à la « butte » sur le trottoir. L'éducation était très importante pour lui, il voulait que nous ayons un bagage, un métier. Autodidacte, polyglotte, il parlait anglais et espagnol et maitrisait parfaitement l'écriture et l'orthographe. Plein d'admiration pour cet homme droit et courageux, je craignais plus que tout de le décevoir. Le travail était une valeur phare pour lui. Après sa mise à la retraite de la marine marchande à cinquante-six ans, considérant qu'il était encore dans la force de l'âge, il prit un poste de surveillant dans une école religieuse et consacra en plus beaucoup d'énergie à faire fructifier notre potager. En tant qu'écrivain de la marine marchande, sorte d'économe à bord d'un navire, il achetait les vivres et embauchait souvent des cuisiniers au Havre avant de partir pour des tournées commerciales qui pouvaient durer six mois. Intransigeant sur le règlement et l'hygiène, il pouvait les débarquer à Southampton s'il les surprenait à fumer en cuisine! J'étais très friand des rares anecdotes qu'il nous livrait. Dans ma famille, nous n'étions pas bavards et ne parlions que pour éclaircir des détails pratiques. J'en avais pleinement conscience et ai d'autant plus apprécié les efforts de tous pour compléter ma mémoire déficiente. Pas à dire, à mon retour, tout le monde s'est occupé de moi. Ma mère et mon père ont également essayé de raviver mes souvenirs gastronomiques. Félix mettait un point d'honneur lors de ses passages à nous concocter des spécialités de son enfance en Martinique comme les calamars farcis, les œufs à la « Zinguara », (une forme d'œufs bohémienne) ou le civet de lièvre. J'appréciais énormément sa cuisine et ses poissons très relevés, mais leurs saveurs se mélangeaient dans mon esprit avec les plats goûtés en Algérie parmi les colons. Ce n'était pas facile de passer de grandes vacances à la réinsertion dans le réel même si dans cet univers chaleureux, je me sentais le centre du monde. Étonnamment, je trouvais cela normal. N'étais-je pas le petit dernier de huit enfants? Découvrir l'ampleur de mes lacunes scolaires plongea mes parents dans le désarroi. Ils ne m'en firent pas reproche, mais mirent tout en œuvre pour m'aider à me remettre à niveau. Une institutrice vint régulièrement me donner de cours à la maison. Assise à mes côtés à la table de la cuisine, cette femme revêche n'arrivait pas à me faire entendre les rudiments de l'orthographe et du calcul. Impossible pour moi de comprendre le sens des règles qu'elle cherchait à m'inculquer. Aucune image n'était convoquée par ses exercices arides. Je me débattais dans une forme d'absence, de période scolaire entièrement gommée. Sans doute m'a-t-on enseigné certaines bases en Algérie puisqu'il m'est resté une relative maîtrise de la lecture, mais je n'ai conservé aucun souvenir des leçons à Lavayssière. De l'école, je n'ai gardé que les jeux sur la terre battue de la cour de récréation et les menaces aux chenapans que nous étions de finir dans la prison attenante. Un jour où la révision avec l'horrible mégère chargée de redresser mes lacunes se terminait dans les larmes, mon père en transit découvrant mon désespoir, intervint: « arrête de pleurer, il n'y a que les faibles qui pleurent! » L'école et mon désarroi face aux multiples pertes affectives ressenties, je les ai longtemps noyés dans le même oubli. Ma façon de tenir face à des difficultés et des manques auxquels je ne comprenais rien.

Quatre années dans un univers de couleurs où la vie me paraissait comme une suite de tableaux successifs de paysages regorgeant de vie et d'odeurs avaient brouillé mes perceptions du monde que je redécouvrais. Je ne saisissais rien de ce qui m'était demandé, rien ne faisait sens. Je me sentais comme le poisson qui a sauté dans un élan enthousiaste hors de son bocal et se retrouve empli d'incompréhension à court d'oxygène. De l'avis de tous mes frères et sœurs, je n'étais pas un « kéké ». C'est ainsi que nous appelions entre nous ceux que nous considérions irrémédiablement bêtes. Mes frères se montraient même fiers de moi, car au foot, sport fétiche de notre fratrie, j'étais vif et plein de ressort. À l'école, tout se gâtait. Je n'arrivais pas à faire le lien entre les différentes leçons, ne visualisait pas l'utilité de ce qui m'était demandé et du coup ne retenais rien. Alors qu'en Algérie j'avais participé au service religieux avec entrain, le sermon du curé et l'ambiance locale convoquaient un foisonnement d'images chaleureuses, au Havre, je peinais à apprendre les quelques notions de catéchisme indispensables pour pouvoir prétendre faire sa communion. Pourtant, ma mère y tenait beaucoup et je brulais d'envie de lui faire ce plaisir. Mais rien ne s'imprimait des quelques passages du Nouveau Testament à mémoriser. En lui expliquant ma situation d'enfant perturbé par son exil en Algérie, ma mère réussit à convaincre le curé de Sanvic de passer outre mes lacunes. Je pus lui faire honneur et effacer les remarques douces-amères du voisinage sur son choix de m'envoyer au loin en arborant fièrement ma tenue de communiant dans la majestueuse église de style roman entouré de toute ma famille au grand complet. Ma sensation d'appartenir à un ailleurs et d'être un peu décalé dans notre communauté havraise malgré les efforts de mes frères pour que je participe à tout, faisait de moi un enfant légèrement introverti qui ne s'exprimait que sur les stades de foot. Je revois vers onze ou douze ans, un de mes professeurs m'interpellant du haut de son estrade « j'attends de toi une réponse à haute et intelligible voix »! Mon caractère un peu effacé avait modelé un enfant sage et obéissant. De l'avis de tous, j'étais serviable et d'un commerce agréable. Je ne me suis battu qu'une seule fois après avoir été traité de sale nègre par un condisciple. Revenu plein d'ecchymoses à la maison, je fus pris en main par un de mes frères qui m'enseigna quelques rudiments du combat à mains nues. De nature pacifique, je n'eus pas à m'en servir, mais gagna en assurance. Devant mes faibles avancées scolaires malgré ou à cause des cours données par ma redoutable répétitrice, ma mère pourtant à l'affut du moindre progrès s'inquiétait. Entre treize et quatorze ans, elle me supprima même le foot dans l'espoir de me voir réagir et m'accrocher pour arriver à suivre à l'école. Ma sœur ainée intervint en ma faveur: Jean-Jacques souffre d'un traumatisme, il a un problème et ne le fait pas exprès. Je fus à nouveau autorisé à arpenter les stades. Mes professeurs avaient pris leur parti de la situation. J'avais quatorze ans et venait d'échouer au certificat d'études pour manque de base en orthographe quand l'un d'eux m'a dit: « tu es un fainéant sympathique »! Je savais que ma mère et mon père lors de ses escales discutaient de mon avenir, soucieux que j'aie un vrai métier. À cette époque, les enfants rebelles aux études étaient souvent orientés vers la mécanique automobile. Passionné de voitures comme beaucoup de garçons, cette proposition bien qu'entérinant mes difficultés scolaires, ne me déplut pas. D'ailleurs, mes aspirations étaient totalement focalisées sur le foot et j'acceptais cette orientation sans arrière-pensée. De toute façon, c'était clair dans ma tête, je serais footballeur professionnel. Mes frères, bien introduits dans le monde des stades firent jouer toutes leurs relations pour me mettre le pied à l'étrier. Mon frère Marcel contacta même le Président du Club professionnel du Havre. Très discipliné, doué d'un fort esprit d'équipe, je fus rapidement remarqué. Sélectionné d'abord pour les matchs en « lever de rideau de treize heures» avec les minimes, j'évoluais vite, participant dès quatorze ans aux compétitions de quinze heures et fut en un temps record reconnu par les amateurs du ballon rond. Cerise sur le gâteau, ma mère nous offrait souvent le cinéma à la suite du match.

À mes yeux d'enfant, mes trois rencontres avec des soldats allemands et les forces alliées pendant la période de la Seconde Guerre mondiale sont une forme de synthèse des cinq années vécues par la population du Havre. D'abord en juin 1940, je suis tétanisé par ma rencontre avec l'ennemi à son arrivée au Havre. Ma frayeur, malgré leur demande courtoise de la direction du Fort de Sainte-Adresse, me fait détaler. Le futur s'obscurcit en commençant par l'occupation et la transformation en blockhaus du Fort de Sainte-Adresse, tranquille caserne de gendarmes datant de Napoléon III. Puis viennent une période sombre et une relative résignation, car il faut bien vivre. Les Allemands veulent métamorphoser le Havre en base navale pour envahir l'Angleterre. Les bombes alliées pleuvent sur le port pour détruire les infrastructures. Par amour maternel, pour me protéger et assurer ma subsistance, ma mère accepte de m'envoyer en Algérie. À partir de fin 1942, avec l'entrée des Américains dans le conflit on sent poindre une forme d'espoir. Lorsque je découvre deux Allemands cachés dans un cabanon en plein vignoble au lieu de fuir terrorisé comme la première fois, je cours les dénoncer aux autorités locales qui m'écoutent et interviennent. L'armée allemande n'est plus invincible. Et enfin, à mon retour d'Algérie, je retrouve les Allemands vaincus, prisonniers de leur propre souricière. À leur tour, les Américains s'installent au Fort de Sainte-Adresse où ils maintiennent en captivité les responsables militaires les plus gradés. Le départ des Américains s'amorce et le Fort de Sainte-Adresse est vidé de ses occupants. Les douze mille Allemands qui étaient en garnison au Havre sont réacheminés vers différents chantiers de travail pour reconstruire la région. La tâche est lourde, il faut déminer la frange côtière, faire repartir les mines, relever le Havre et les bassins du port dévastés à plus de quatre-vingts pour cent. Seuls quelques bâtiments du centre, Saint Adresse et les faubourgs dont ma ville de naissance Sanvic ont résisté au pilonnage allié de septembre 1945. En 1946, les Américains constituent près d'un dixième de la population du Havre reconnu port stratégique par les forces alliées. Ils convient les habitants exsangues à récupérer couchages, couvertures et autres matériels au Fort de Sainte-Adresse. Les prisonniers allemands viennent d'être évacués. Avec mes frères, je vais en compagnie d'une connaissance américaine avec qui ma mère avait fait du troc - une bouteille de rhum de la Martinique contre un chargement de bois de chauffage - voir s'il reste des choses à recycler. Nous serons chanceux et retrouverons une table de ping-pong et ses raquettes, plusieurs lits de camp pliants en bois et en toile et des couvertures. Malgré mon jeune âge, je revins également avec ma prise de guerre, un stylo à pointe de dessinateur chapardé sur un lit de camp et qui gisait là comme abandonné. Notre ami américain, espérant sans doute une seconde bouteille de rhum, nous ramènera même tout fier dans son camion GMC! Dernière grande ville libérée, le Havre n'était plus que destruction et bien que sa population se soit réduite de plus de moitié pendant la guerre, le rationnement y était extrême. Dans ce contexte, la table de ping-pong fit nos beaux jours et symbolise encore pour moi le renouveau. D'ailleurs, emporté par ma jeunesse et le plaisir du jeu dans un match mémorable, j'ai cassé par un ricochet de la balle ma première montre. Je suis gaucher et il était alors à la mode de porter sa montre à l'envers. Déjà, j'étais passionné par les sports et ne rêvait que football.

Il y a des lieux dont le souvenir semble nous poursuivre. Lavayssière maintenant Aïn Youcef est pour moi un de ceux-là. Quand je pense à cet endroit où s'est déroulée mon enfance, je suis baigné de senteurs, nimbé de soleil et vois une explosion de couleurs. Ce village est pour moi celui d'une jeunesse heureuse et sans souci, dans un coin de paradis ou la vie pour les enfants de mon âge n'était qu'amusement. Sans oser le dire, le soleil, la nature et le climat m'ont manqué dès que j'ai posé le pied au Havre. J'ai eu à cœur de ne pas me retourner et de toujours aller de l'avant. L'épisode de notre séparation avait été très dur pour ma mère et ma reconstruction à mon retour n'a pas été chose aisée. Comment dire mon envie de revenir sur les lieux de ma prime jeunesse? Je n'arrivais pas à prendre l'initiative, mais espérais qu'elle se présenterait. Le destin me fit un clin d'œil puisque pendant mon service militaire après plus d'une année en Allemagne où je fus remarqué pour mes capacités footballistiques, je fus envoyé en Algérie à Georges Clémenceau (Stidia) entre Oran et Mostaganem. La compagnie que je rejoignais avec un peu de retard pour cause de championnat interarmées des forces françaises d'occupation en Allemagne venait d'atteindre Georges Clemenceau après une escale à Lavayssière. Je déplore encore maintenant ce rendez-vous manqué avec mon passé en raison de tournois de football! L'incidence des Allemands et de l'Algérie sur le déroulement de mon existence reste une source d'étonnement. Si je n'ai pas pu retrouver les contreforts de l'Atlas ni les Barthe à qui j'aurais tant aimé exprimer ma gratitude, j'ai renoué avec ce qui était pour moi une sorte d'art de vivre en Algérie, très proche des vacances. Ma compagnie était en charge de la circulation routière dans les petites villes de cette frange côtière et mes camarades patrouillaient par binômes répartis dans deux Jeeps, l'une équipée d'une mitrailleuse et la seconde de la radio. Moi j'étais responsable de l'entretien des voitures et des motos BMW au PC et je conduisais à l'occasion le GMC de dépannage. Ma formation de mécanicien automobile et mes talents de footballeur m'ouvraient toutes les portes. Nous étions six soldats à occuper une ferme-garage qui jouxtait un terrain de football où nous nous entrainions avec les jeunes du village. À proximité de la ferme, une coopérative vinicole venait parachever ce sentiment de déjà-vu. Elle était gardée par un Arabe et à l'occasion, nous échangions deux litres d'essence contre vingt litres de rosé! Le marché peut sembler inique, mais en ces temps l'essence coulait moins abondamment que le vin. Les circonstances ne me permettaient pas de me déplacer librement pour me rendre à Lavayssière, mais mon environnement d'antan était presque reconstitué avec la mer en plus! Nous étions bien accueillis par la population locale et si on me le demandait, je réparais ou réglais les freins des voitures des autochtones arabes. Entre les bains de mer et les bals à la salle des fêtes du village sur la musique des Platters « Only You », j'ai passé dans ce village treize mois de quasi-farniente. Notre compagnie responsable de la circulation routière n'a jamais été attaquée et n'a pas subi le feu. Mon pistolet mitrailleur ne m'a servi qu'une fois, à tirer sur des canards!

Le souvenir de mes six premières années d'existence ne m'est jamais revenu et il m'a fallu longtemps pour parvenir à mémoriser tout ce qui a l'apparence du scolaire. Quel ne fut pas mon étonnement quand je m'aperçus vers vingt-six ans, suite à une remarque d'un collègue que ma mémoire était plus qu'honorable, voire considérée quasi phénoménale par mon entourage. Effectivement, je suis servi par une mémoire visuelle extrêmement fidèle dont je n'ai pris conscience que très tard. Apprendre en associant les concepts à des images m'est devenu aisé, mais je n'ai malheureusement jamais réussi à rattraper mes souvenirs enfuis ni toutes les règles orthographiques!

Remerciements à Christine Duflo pour sa composition en couverture évoquant pour moi un Touareg et à ma chère Elisabeth Brunois Songeur qui a permis la réalisation de ce témoignage

Jean-Jacques Berne

15613047R00037

Printed in Great Britain
by Amazon